AF451975

CHANSONS

ET

SOUVENIRS

A mes barreaux ils ont brisé leurs ailes ;
Pour les loger j'attends de plus beaux jours.

De ma prison, 1833.

CHANSONS

ET

SOUVENIRS

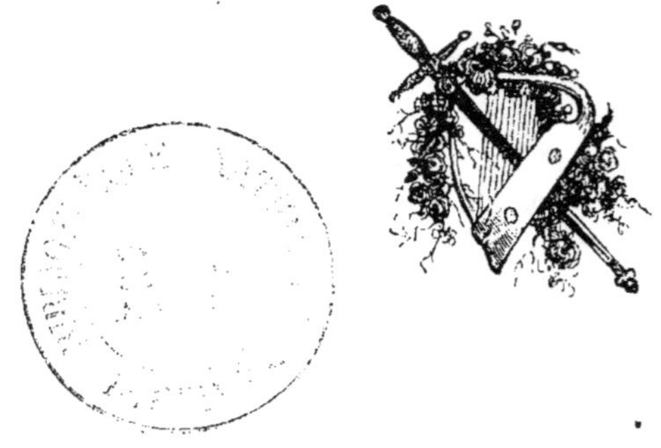

PARIS

TYPOGRAPHIE DE E. ET V. PENAUD FRÈRES

10, RUE DU FAUBOURG-MONTMARTRE

1849

A MES AMIS.

Si j'avais fait des chansons uniquement pour chanter, je vous éviterais la peine de lire celles dont je vous dédie la mince collection.

La chanson faite sans une intention générale, n'est, selon moi, qu'une poésie fugitive plus ou moins gracieuse, qu'une romance plus ou moins harmonieuse, sans portée aucune au-delà du piano qui l'accompagne, ou du moment qui l'inspire, et ce n'est pas à titre de poésie que je vous adresse mes couplets. Mais si le chansonnier n'a fait que soumettre à la mesure et au refrain l'expression d'une pensée commune à un grand nombre ; si ces refrains ont trouvé, pendant quelque temps au moins, un écho populaire, parce qu'alors ils exprimaient une pensée populaire, on peut conserver le souvenir d'une chanson, quand les circonstances qui l'ont inspirée ont changé, parce que ces couplets sont pour l'auteur, non-seulement l'histoire d'une partie de sa vie, mais aussi celle des masses auxquelles ils étaient adressés.

Ainsi, la France heureuse d'être mise par une victoire à l'abri des attaques de Marlborough, accueillait avec un bonheur joyeux les couplets qui tournaient en ridicule ce héros si souvent vainqueur : ainsi, *la Marseillaise,* chanson sublime, était devenue populaire, parce qu'elle répondait à l'élan qui poussait nos pères à la frontière ; ainsi, plus tard, après le besoin d'indépendance et de gloire qui avait fait accueillir avec enthousiasme *le Chant du Départ,* le besoin de paix et de repos, devenu populaire, renouvelait le succès populaire des chansons du roi Henri.

La chanson politique est donc, on peut le dire,

comme une note de l'histoire. Pour la comprendre, il faut connaître la circonstance pour laquelle elle a été chantée; et alors, elle sert à son tour à faire apprécier plus tard au chroniqueur les détails des événements contemporains.

Je dois donc vous dire, en peu de mots, où et comment chacune de mes chansons a vu le jour, et vous serez, j'espère, pour elles et pour moi, plus indulgents [1].

Paris, 1842.

A. SALA.

[1] Notes et couplets, j'avais réuni ces quelques pages en 1842; l'abrogation des lois de septembre me permet seulement, en 1849, de les faire réimprimer pour vous.

Paris, 1849.

CHANSONS

Les événements du Midi, pendant le printemps
de 1832, avaient rempli les geôles de Toulon, de Marseille, d'Aix et d'autres villes, de prisonniers de tous les
rangs, et le procès des accusés du *Carlo-Alberto* préoccupait vivement tous les royalistes de la Provence et
d'une partie du Languedoc. Dans ces deux provinces,

chacun avait sous les verroux un parent, un ami ou, au moins, une connaissance. La prison de Marseille était le but de nombreux pèlerinages, et la curiosité causée par le voyage aventureux de Madame, Duchesse de Berry, à travers la France, après son débarquement si romanesque sur les côtes de Provence, était devenue un intérêt réel pour toutes ces populations. La constance déployée en Bretagne par cette princesse, après les revers de son parti, avait surexcité l'exaltation naturelle aux masses légitimistes du pays, quand la fatale nouvelle de l'arrestation de la mère de Henri de Bourbon, à Nantes, fut proclamée avec un accent de triomphe insultant par les agents du pouvoir.

Dans ce pays de foi catholique si vive, la trahison d'un juif ajoutait quelque chose de plus odieux à l'insulte et de haineux à la douleur; et, sous un ciel où la politique est plus un sentiment qu'un raisonnement, les conséquences fatales de la captivité pour Madame étaient envisagées sous les plus noires couleurs. Amis et ennemis, on ne l'épargnait guère. Que deviendra-t-elle, que fera-t-on d'elle? disait-on partout.

Accusé du *Carlo-Alberto*, de notre prison d'Aix j'envoyai à la *Gazette du Midi* les quatre couplets suivants. Le peuple marseillais s'en empara; plus de quarante mille exemplaires en furent distribués en peu de jours. Mes vers sont-ils bons aujourd'hui? je ne le crois pas; mais mes refrains étaient populaires alors; on les chantait partout. Lisez-les :

LE CRI DE L'HONNEUR

Français, l'honneur aujourd'hui vous appelle,
Venez défendre une femme, un héros ;
Accourez tous, et que ma voix fidèle
Dans tous vos cœurs retrouve des échos.
Pour vous revoir elle a bravé l'orage ;
Elle a bravé les dangers, le trépas :
Pour une mère et son noble courage
Français, l'honneur ne vous parle-t-il pas ? } *bis.*

Elle avait dit : Je reverrai la France ;
Je reverrai ce noble champ d'honneur !
Son cœur, hélas ! était plein d'espérance ;
Elle rêvait la gloire et le bonheur !
Si le destin à ses vœux fut contraire,
Si le malheur a suivi tous ses pas :
Elle était brave, amis ! elle était mère !
Français, l'honneur ne vous parle-t-il pas ? } *bis.*

Son noble cœur, à la rive étrangère,
A l'Italie, à ses brillants palais,
Du Vendéen préféra la chaumière;
Car là du moins se trouvent des Français.
Mais pour surprendre une indigne conquête
Dont n'avaient pu s'emparer tous leurs bras,
Il l'a vendue! ils ont payé sa tête!......
Français, l'honneur ne vous parle-t-il pas ?   } *bis*.

Il l'a vendue! ô mon pays! ô France!
Souffriras-tu qu'on insulte au malheur ?
Laisseras-tu la femme sans défense ?
Laisseras-tu le crime sans vengeur ?
Puisse ma voix, à mille voix unie,
Pour la défendre en nos sanglants débats,
Parler pour elle, au nom de la patrie!
L'honneur, Français, ne répondra-t-il pas ?   } *bis*.

Prison d'Aix, novembre 1832,

Vous souvient-il de ces adresses, de ces lettres, de
ces offres d'ôtages, de ces protestations, ou parlées, ou
écrites, publiques et particulières, qui suivirent la cap-
ture de la duchesse de Berry? Vous souvient-il de l'embar-
ras du pouvoir pour la soustraire aux exigences du droit
commun, et des craintes affectées pour la sûreté de la

royale prisonnière? Vous savez tous le nom de la geôle
et du geôlier? Eh bien ! rappelez-vous aussi, qu'à cette
époque, des amis de Madame, ne voulant pas que ses
geôliers pussent être ses hôtes, réclamèrent d'elle la
permission de subvenir seuls à ses besoins? Des dons
volontaires furent offerts de tous côtés par des per-
sonnes des plus hauts rangs de la société. Mais, en
Provence, le peuple prit au sérieux cet appel à une
contribution alimentaire, en faveur de la royale
captive; chacun voulut apporter sa modeste offrande.
Les dames avaient formé des comités; les noms des
souscripteurs étaient publiés dans les journaux; chaque
jour la caisse se remplissait. Je fis à cette occasion,
pour ces dames, les trois couplets suivants; comme
elles voulaient que tout le monde contribuât, elles ser-
virent à ma chanson d'introductrices chez tout le monde;
et je leur dois, sans doute, l'accueil bienveillant accordé
par la Provence à ma *Quêteuse :*

LA QUÊTEUSE

Air connu.

Je viens quêter pour la fille de France,
Et je reçois jusqu'au plus faible don ;
Je viens, au nom de la reconnaissance ;
Un cœur français me répondrait-il : non ?
Ne craignez pas que le pouvoir s'alarme,
L'impôt du cœur n'est pas soumis aux lois.
Je vous demande une obole, une larme,   } *bis.*
Pour secourir la fille de nos Rois.

Si pour de l'or un traître a pu la vendre,
Et que l'or puisse encore la sauver,
Parle, geôlier ! Voudrais-tu nous la rendre ?
Pour t'assouvir nous saurons en trouver.
Mets notre amour à cette douce épreuve,
Tous les Français répondront à ma voix.
Tu recevras le denier de la veuve,   } *bis.*
Pour la rançon de la fille des Rois.

Mais il est sourd ! Caroline est captive ;
Nous lui devons notre amour et nos soins.
Français ! il faut que notre offrande arrive,
Pour fournir seule à ses nobles besoins.
Quand du malheur la sublime couronne
Vient ajouter à sa gloire, à ses droits,
Ah ! que du pauvre une touchante aumône, } *bis.*
Serve à nourrir la fille de nos Rois !

Prison d'Aix, novembre 1832.

J'avais été transféré d'Aix à la prison de Montbrison, où je devais être jugé, quand je dédiai les quatre couplets suivants à M. le vicomte de Chateaubriand. Il venait de publier sa généreuse protestation en faveur de la duchesse de Berry prisonnière, et traduit devant le jury, pour ce mot célèbre : « Madame, votre fils est

« mon Roi, » Chateaubriand devait être acquitté ! M. Berryer allait renouveler devant le pays, une fois de plus, ses admirables déclarations de principes. Il allait exprimer ce que tous nous ressentions vivement; il allait prouver que la liberté et la gloire du pays étaient conciliables avec la légitimité; il allait montrer comment un partisan de la légitimité pouvait émettre son opinion et dire quel était le Roi de son choix. Les lois de septembre n'existaient pas alors, et chacun devait rendre justice à la défense digne de l'accusé. Les paroles de M. de Chateaubriand avaient surtout frappé la jeunesse, généreuse dans tous les partis, et non blasée encore par les révolutions. Pour les hommes intelligents qui ne se paient pas seulement des apparences, la gloire dont nos soldats s'étaient couverts devant Anvers, n'avait été qu'une page sanglante de la comédie, dont l'histoire devait tourner plus tard le feuillet; et on pouvait prédire que même la liberté d'écrire tôt ou tard serait anéantie par la quasi-légitimité, qui avait intenté ce procès pour avoir entendu parler de sa rivale. Je traduisais donc en vers ces pensées de la prison et du public, profitant des licences du poëte pour devancer les événements. Avais-je tort ?

LA JEUNE FRANCE

DÉDIÉE A M. DE CHATEAUBRIAND

Air : Du Dieu des bonnes gens.

Bercé jadis aux chants de la victoire,
De nos soldats je pleurai les revers;
Puis je rêvai la liberté, la gloire :
Pour les saisir mes bras s'étaient ouverts.
Fantômes vains qu'animait l'espérance,
Ils ont trompé mes rêves et ma foi !
Ils me trompaient; ils ont trompé la France,
    Dont l'honneur est la loi.   *(bis.)*

Vous nous trompiez au nom de la patrie,
Et notre erreur a causé vos succès;
Flatteurs du peuple, il vous donna la vie,
Et vous feignez de craindre ses excès !
De l'avilir avez-vous l'espérance ?
A son réveil, craignez le peuple-roi...
Vous nous trompiez et vous trompez la France,
    Dont l'honneur est la loi.   *(bis.)*

A l'étranger soumettant leur courage,
Vous prodiguez le sang de nos soldats ;
Puis à genoux vous conjurez l'orage,
Pour vous traîner au rang des potentats [1].
Mais une mère a conçu l'espérance
De réunir les Français à leur roi :
Pour nous sauver et pour sauver la France,
    Oui, l'honneur est sa loi.   (*bis*.)

En vain contre elle épuisant sa colère,
Le lâche insulte à sa captivité.
Peut-être un jour la France tout entière,
Près d'elle ira chercher la liberté.
Preux chevalier, j'en crois ton espérance ;
Chacun alors lui dirait comme toi :
Pour nous sauver et pour sauver la France,
    Votre fils est mon roi !   (*bis*.)

Prison de Montbrison, janvier 1833.

[1] Siége d'Anvers et protocoles de Londres.

L'intérêt dont nous avions été entourés en Provence, nous avait suivi dans les prisons de la ville de Montbrison, où le pouvoir nous avait fait transférer pour nous faire juger par un jury non-prévenu en notre faveur. Le moment des débats approchait. Je crus devoir adresser ma défense au public, avant de la faire présenter à mes juges par mon avocat.

Bien convaincu qu'en fait d'accusations politiques, le sentiment public absout ou condamne, avant même que le jury n'entre en séance, je voulais seulement me faire connaître. Nos amis accueillirent avec bienveillance ma chanson ; elle fut lue et chantée par tous ; nos geôliers, les gendarmes et les soldats qui veillaient à notre porte, répétaient mon refrain : c'était pour moi d'un heureux augure. Les jurés, en arrivant en ville, nous trouvèrent défendus et acquittés partout. Je vous offre donc *Mon Plaidoyer,* par reconnaissance pour ceux qui le trouvèrent bon alors. C'est un souvenir de prisonnier, plutôt qu'une œuvre de poésie, que vous devez juger :

MON PLAIDOYER

Air : Des Comédiens ou du Rondeau de Miller.

De ma prison allez briser la chaîne,
Joyeux couplets, enfants de mon loisir :
Devant Thémis où le pouvoir me traîne,
Vous m'obtiendrez un plus doux avenir.

N'objectez pas qu'il vous faudrait comprendre
L'argot des lois qui toujours vous fit peur :
A des Français vous vous ferez entendre :
Il suffira de leur parler d'honneur.

Vous leur direz que j'ai servi la France,
Que je voulais et gloire et liberté :
Mais qu'un orage a détruit l'espérance
Où je croyais trouver la vérité.

Le vent des cours n'a point courbé ma tête ;
Contre leur joug mon cœur se révoltait :
Et cependant, aux jours de la tempête,
A l'enfant-Roi mon cœur se rattachait.

De ma prison allez briser la chaîne,
Joyeux couplets, enfants de mon loisir.
Devant Thémis où le pouvoir me traîne,
Vous m'obtiendrez un plus doux avenir.

Sous les verroux vous m'avez vu sourire,
Quand du cachot pour charmer les instants,
Contre mes fers j'allais heurtant ma lyre :
A mes geôliers, je dois mes premiers chants.

Puis vous direz que ma muse fidèle,
Plus d'une fois a chanté le malheur;
Que j'ai flétri la fortune nouvelle
Des intrigants et de maint imposteur.

J'aurais voulu chanter aussi les belles :
Mais la prison a fait peur aux amours ;
A mes barreaux ils ont brisé leurs ailes :
Pour les loger, j'attends de plus beaux jours.

Allons, enfants, précédez votre père.
Vers le palais il faut hâter le pas ;
Déjà Thémis prend sa balance austère
Et nous attend pour ses nobles débats.

Ne craignez pas qu'une indigne vengeance
S'ose cacher sous le manteau des lois ;
Au mot *Honneur!* l'écho répond en France :
Et le jury comprendra votre voix.

De ma prison allez briser la chaîne,
Joyeux couplets, enfants de mon loisir :
Devant Thémis où le pouvoir me traîne,
Vous m'obtiendrez un plus doux avenir.

Prison de Montbrison, février 1833.

Le caractère humain et impartial des habitants du Forez venait de donner un démenti aux espérances préfectorales et aux menaces du parquet. Sans vouloir entrer dans les détails des crimes politiques dont nous étions accusés, douze hommes honorables, dont pas un ne nous était connu, avaient jugé que notre conduite

n'avait pas été coupable ; que l'emprisonnement était
un triste moyen de forcer à changer d'opinion des
hommes bien convaincus ; et que la crainte de la mort
n'était pas non plus un obstacle pour d'autres hommes
également résolus. Nous étions acquittés ! La popula-
tion entière nous entourait, nous, nos familles et nos
amis ; des banquets improvisés rassemblaient les juges,
les acteurs et les témoins de ces débats, qui avaient
duré vingt-six jours.

Une chanson de table devait être mon remerciement
à ceux qu'avait persuadés *Mon Plaidoyer*. Je la fis
distribuer dans la ville, et j'eus le plaisir d'en entendre
chanter les refrains en montant en voiture, pour quitter
le département hospitalier, où, après un an de prison
préventive, j'avais retrouvé ma liberté.

MON ACQUITTEMENT

DÉDIÉ AUX JURÉS DU DÉPARTEMENT DE LA LOIRE

Grâce à nos jurés de la Loire,
Nous voilà sortis de prison !
    Zon zon, zon zon,
    Zon zaine, zon zon.
A leur santé, nous allons boire ;
Pour eux, je chante ma chanson.
    Zon zon, zon zaine, zon zon.

D'un vil pouvoir dépositaire,
En vain distillant son poison,
    Zon zon, zon zon,
    Zon zaine, zon zon,
Bret [1] avait promis le salaire
Du parjure à la trahison.
    Zon zon, zon zaine, zon zon.

En vain Duplan [2] avec prudence
Leur disait d'un air sans façon :
    Zon zon, zon zon,
    Zon zaine, zon zon.
Oui, pour le bonheur de la France,
Condamnez-les à la prison.
    Zon zon, zon zaine, zon zon.

---

[1] M. Bret, préfet du département, avait composé la liste du jury avec un soin tout particulier.

[2] Le procureur-général Duplan avait présenté et soutenu l'accusation avec une modération affectée, qui pouvait rendre ses conclusions plus dangereuses.

Au ton d'une sainte colère,
Nadaud [1] montant son diapason,
   Zon zon, zon zon,
   Zon zaine, zon zon.
Criait d'une voix de tonnerre :
La pitié n'est plus de saison.
   Zon zon, zon zaine, zou zon.

Et pour mettre fin aux tempêtes,
Qu'on voit surgir à l'horizon,
   Zon zon, zon zon,
   Zon zaine, zon zon,
Il ne réclamait que dix têtes!
Admirable péroraison ! ! !
   Zon zon, zon zaine, zon zon.

Mais du jury la voix plus forte,
Au lieu de lui donner raison,
   Zon zon, zon zon,
   Zon zaine, zon zon,
A dit en nous ouvrant la porte :
Pour des Français plus de prison !
   Zon zon, zon zaine, zon zon.

A leur santé buvons ensemble,
Et répétons à l'unisson :
   Zon zon, zon zon,
   Zon zaine, zon zon,
Gloire au jury qui nous rassemble !
Gloire au jury de Montbrison !
   Zon zon, zon zaine, zon zon.

[1] Avocat-général, dont le zèle ne connaissait pas de bornes.

Montbrison, mars 1833.

On plaint les habitants des cloîtres, et l'on peut avoir
raison, quand la violence ou des intérêts humains ont
forcé un homme à s'assujettir à la règle, à l'obéissance
et à la captivité. L'impression produite sur moi, après
ma mise en liberté, me donna une idée des sentiments
que doivent, au contraire, éprouver les gens qui, entrés

volontairement au cloître, ne le quittent pas volontairement. L'activité d'une existence agitée, ou les exigences
sociales à satisfaire, l'incertitude d'un avenir compro-
mis dans ses intérêts matériels, tous les détails de la
vie physique écrasant des gens déshabitués de ces
choses, doivent produire sur eux un peu de ce que je
ressentis, en quittant mes compagnons de captivité.
Depuis trois ans, j'avais perdu mes camarades de
régiment ; j'avais quitté mes camarades d'études ; je ne
pouvais plus ni servir, ni travailler : je chantai. C'est
aussi une manière de se distraire et de passer son
temps. Mais l'habitude de mêler les idées politiques à
toutes mes idées était prise, et ma première chanson,
en liberté, fut une continuation de mes refrains d'oppo-
sition en prison ; sans cela, je l'aurais oubliée.

SOUVENIR DE MA PRISON

DÉDIÉ A MADAME DE SAINT-P***

Air : D'Aristippe.

De mon logis on m'a mis à la porte,
Hors de prison, je n'ai plus de chez moi.
Mon souvenir malgré moi m'y reporte;
J'étais si bien sous le coup de la loi !
Exempt de soins, de soucis et d'alarmes,
Sans les compter voyant couler mes jours,
Oui, la prison avait pour moi des charmes;
Comme en prison, je veux vivre toujours. (*bis*)

Combien de fois, oubliant cette terre,
Bercé d'amour, d'espérance et d'honneur,
N'ai-je pas vu passer la nuit entière,
D'un autre monde en rêvant le bonheur !
En vain le bruit des verroux et des armes
De mes erreurs venait troubler le cours.
Oui, la prison avait pour moi des charmes;
Comme en prison, je veux rêver toujours. (*bis.*)

Du joug de plomb qui pèse sur la France,
Loin de mon front, je repoussais le poids ;
Si mon pays au veau d'or qu'on encense
Laisse immoler son honneur et ses droits,
Pour le briser, je reprenais mes armes ;
De mes guichets oubliant les détours,
Oui, la prison avait pour moi des charmes ;
Comme en prison, je m'armerai toujours. (*bis.*)

A l'amitié j'abandonnais mon âme,
Quand du chagrin j'éprouvais la rigueur ;
Elle venait, sous les traits d'une femme,
Me consoler aux jours de la douleur.
Si je pleurais, elle essuyait mes larmes ;
Mes fers alors ne me semblaient plus lourds.
Oui, la prison avait pour moi des charmes ;
Comme en prison, je veux pleurer toujours. (*bis.*)

Mais, plus souvent, une douce allégresse
A nos banquets invitait le plaisir.
Mes chants joyeux échauffaient notre ivresse ;
Dans mes refrains je fêtais l'avenir.
Concerts bruyants et bachiques vacarmes,
Vous nous faisiez oublier les amours !
Oui, la prison avait pour moi des charmes ;
Comme en prison, je veux chanter toujours. (*bis.*)

Lyon, avril 1833.

En parcourant de nouveau ces départements de la
Provence, où nous avions trouvé un accueil si affec-
tueux, douce compensation aux ennuis de notre captivité, je fus obligé de distribuer à nos amis politiques
les chansons que j'avais composées à Montbrison; et
la popularité de la première protégeant les suivantes,

je reçus de plusieurs sociétés populaires, la demande de nouveaux couplets à leur intention.

Mais où trouver une inspiration?

Les espérances du parti légitimiste s'étaient évanouies, les situations personnelles n'avaient plus d'intérêt. Il fallait, pour satisfaire mes chanteurs provençaux, puisque je devais faire de la politique en couplets, me lancer dans une politique toute étrangère à nous et toute hostile au pouvoir ; mais, d'un autre côté, les procès de presse, de tendance, d'offense, etc., accablaient la *Gazette du Midi*. L'imprimeur de mes couplets pouvait donc courir grand risque de perdre sa liberté, avec moi. Je saisis cette occasion d'exprimer à nos amis mes regrets, dans un banquet populaire. J'aurais dû peut-être changer le dernier couplet, d'une personnalité trop forte, sans aucun doute, et, de plus, inexacte ; mais je le fais réimprimer tel qu'alors il m'échappa, pour faire juger de l'état de l'opinion d'un pays, où l'on pouvait se servir, avec succès, de pareilles qualifications empruntées aux pamphlets de la capitale.

ASSEZ DE PROCÈS!

Amis, vous voulez que je chante ?
Vous oubliez qu'une chanson,
Grâce à la liberté qu'on vante,
Peut mener l'auteur en prison.
Son refrain dit-il que la France
Gémit sous de honteux excès...
    Vite un procès,
    Deux, trois procès,
Quatre procès, cinq procès, dix procès !
    C'en est assez et trop, je pense,
    Pour calmer mon lyrique accès.

Armé de son réquisitoire,
Voyez Borély menaçant
Prouver que même de l'histoire
Le souvenir est insultant.
La philippique est une offense [1],
Car Philippe est roi des Français...
    Vite un procès, etc.

[1] La *Gazette du Midi* avait été saisie et condamnée à six mois de prison et 2,000 fr. d'amende pour avoir inséré un extrait d'une des philippiques de Démosthènes, écrite 2168 ans avant le 7 août 1830.

En vain de fleurs couvrant ma lyre,
Je cherche d'innocents refrains ;
Car si des lys j'allais vous dire
Qu'ils sont les rois de nos jardins,
D'un bout à l'autre de la France,
Le parquet tendrait ses lacets...
    Vite un procès, etc.

Sur le vin qu'à tous je préfère,
Je voudrais chanter des couplets ·
Du Bordeaux qui remplit mon verre
Proclamant d'abord les bienfaits...
Mais on crirait à la tendance ·
De *Bordeaux* il boit au succès !...
    Vite un procès, etc.

Incertain du temps qui va suivre.
A bien manger bornant mes vœux,
Gros, gras et bête, il vaut mieux vivre,
Sans trop songer à mes neveux...
Mais d'une auguste ressemblance
Nadaud m'accuse, et c'est assez [1]...
    Vite un procès,
    Deux, trois procès,
Quatre procès, cinq procès, dix procès !
    Chut ! je me tais ; car je commence
De sa bile à craindre l'accès.

Marseille, juin 1833.

---

[1] Procès de *la Glaneuse*, à Lyon.

Les inappréciables avantages de la royauté à bon
marché commençaient à devenir matériellement sen-
sibles pour tous les contribuables. La cote des impo-
sitions de chacun augmentait graduellement depuis
trois ans. Je voulus profiter de la circonstance du

troisième anniversaire du 9 août pour dire en quelques couplets les autres avantages et mérites du système. Malheureusement, les vérités de 1833 sont encore trop vraies en 1842. Ne pensez-vous pas comme moi?

LE PLUS CHER DES ROIS

Air : Du Charlatan : Admirez ce spécifique...

Célébrons
Le règne économique
D'un roi-citoyen
Qui de son peuple veut le bien ;
Quasi-république,
Quasi-monarchique,
Il est à la fois
Le plus cher de nos rois,
Le plus cher (*ter*) de nos rois.

Victimes de l'arbitraire,
Quinze ans nous avions vécu,
Quand ce bon roi populaire
Et son programme ont paru.
Célébrons, etc.

Jadis on criait en France
Contre un budget onéreux,
Et nous avons l'assurance
Que d'un il en a fait deux.
Célébrons, etc.

Voulant que pour la justice
Nous ne fassions plus de frais,
Il augmente la police
Pour prévenir les procès.
Célébrons, etc.

Auteur de calculs uniques,
Pour répandre ses bienfaits,
Il fait changer en boutiques
Ses châteaux et son palais.
　　Célébrons, etc.

Craignant dans la capitale
Les ennemis du dehors,
Sa prudence sans égale
Veut nous entourer de forts.
　　Célébrons, etc.

Sachant combien la victoire
Coûta souvent aux Français,
Il a vendu notre gloire
Pour nous acheter la paix.
　　Célébrons, etc.

Si, pour ajouter encore
A tant de prospérité,
Dans l'ardeur qui le dévore,
Il vendait sa royauté !!!
　　Célébrons
　　Le règne économique
　　D'un roi-citoyen
Qui de son peuple veut le bien ;
　　Quasi-république,
　　Quasi-monarchique,
　　Il est à la fois
Le plus cher de nos rois
Le plus cher (*ter*) de nos rois.

Nice, 9 août 1833.

Retiré du mouvement politique depuis six ans, je
retrouvai, en 1840, un refrain à l'adresse du pouvoir,
qui n'avait cessé, depuis dix ans, de mystifier et d'abais-
ser le pays, en lui donnant de grands mots au lieu de
grandes choses.

Les journaux ministériels de Paris proclamaient

presque la guerre nationale. Les fonds baissaient, les matamores s'agitaient, et le public, toujours dupe des apparences, croyait à la guerre, surtout en lisant, pompeusement racontées par les organes du ministère, les conversations militaires de Saint-Cloud, les exhumations poudreuses du bonnet rouge de 92. Cependant, les levées d'hommes précédaient les demandes d'argent. Etant, à la Bourse, témoin de la déroute des spéculateurs, j'eus l'idée que là se borneraient les exploits d'un système si belliqueux, car je voyais le désir de la paix trop bien exprimé par les hauts barons de la finance, pour ne pas croire qu'on pensait de même en plus haut lieu. Mon *Faubourien* avait-il bien compris? Si vous le croyez, excusez quelques-unes des expressions peu poétiques, mais vraies, dont il a fait usage ; elles expriment des sentiments dont on a tenu et dont on tient encore peu de compte : tôt ou tard, auront-ils satisfaction? L'avenir vous le dira !

LE

FAUBOURIEN INTELLIGENT

Un grand monarque avait promis
Dans son ardeur guerrière
Qu'il nous conduirait, mes amis,
Bientôt à la frontière ;
Mais il a promis si souvent,
Que je n'ose l'en croire vraiment ;
Faute de le comprendre.

Il a rassemblé des soldats,
Qui brûlent de combattre.
Sur nos vaisseaux le branle-bas
Ne cesse point de battre :
Et pourtant nos vaisseaux sont loin !
Nos soldats sont restés en chemin !
Comment donc le comprendre ?

Si l'on attaquait le pacha,
Nous devions le défendre.
Depuis lors l'Anglais s'attacha
Pour le pendre à le prendre.
Pour aller combattre au Levant,
N'avons-nous pas trouvé le bon vent ?
Comment donc le comprendre ?

Pour encourager nos guerriers,
    Leur assurer d'avance,
Des succès, de l'or, des lauriers,
    Le tout en abondance,
Sur nous on double les impôts :
Payons, payons, la France a bon dos !
    Je commence à comprendre.

Pour nous éviter les hasards
    D'une triste déroute,
Il fait entourer de remparts
    Paris, coûte que coûte.
Les Parisiens, trop remuants,
Ne gêneront plus ses mouvements...
    Je commence à comprendre.

Ainsi, nous marchons en avant
    A grands pas d'écrevisse ;
Nous donnons notre argent comptant
    Pour qu'on nous *démolisse ;*
Et sans aller boire du Rhin,
Nous fournissons plus d'un pot de vin.
    Je crois bien le comprendre !...

Paris, août 1840.

FIN

TABLE